Ernst Probst

Melitta Schenk Gräfin von Stauffenberg - Deutsche Fliegerheldin mit Gewissensbissen

Ernst Probst

Melitta Schenk Gräfin von Stauffenberg - Deutsche Fliegerheldin mit Gewissensbissen

GRIN Verlag

Bibliografische Information der Deutschen Nationalbibliothek: Die Deutsche Bibliothek verzeichnet diese Publikation in der Deutschen Nationalbibliografie; detaillierte bibliografische Daten sind im Internet über http://dnb.d-nb.de/ abrufbar.

1. Auflage 2012
Copyright © 2012 GRIN Verlag GmbH
http://www.grin.com
Druck und Bindung: Books on Demand GmbH, Norderstedt Germany
ISBN 978-3-656-27491-9

Melitta Schenk Gräfin von Stauffenberg (1903–1945),
geborene Schiller, mit Eisernem Kreuz II. Klasse
auf dem Flugplatz Berlin-Gatow im Jahre 1943

Ernst Probst

Melitta Schenk Gräfin von Stauffenberg

Deutsche Fliegerheldin
mit Gewissensbissen

Melitta Schenk
Gräfin von Stauffenberg (1903–1945)
gewidmet

*Rathaus von Krotoschin
(heute Krotoszyn in der Woiwodschaft Großpolen),
dem Geburtort
von Melitta Schenk Gräfin von Stauffenberg,
geborene Schiller, bei Nacht*

Als beste deutsche Testpilotin, am vielseitigsten ausgebildete Fliegerin und als zweiter weiblicher Flugkapitän ihres Heimatlandes ging Melitta Schenk Gräfin von Stauffenberg (1903–1945), geborene Schiller, in die Geschichte der Luftfahrt ein. Sie unternahm mehr als 2.500 nervenaufreibende Sturzflüge mit Sturzkampf-flugzeugen, um Zielgeräte zu verbessern. Kurz vor Ende des Zweiten Weltkrieges starb die mutige Frau den Fliegertod.

Melitta Klara Schiller kam am 9. Januar 1903 in Krotoschin (Provinz Posen) zur Welt. Der Vater Michael Schiller war Bauingenieur, Baurat und preußischer Beamter. Die jüdischen Großeltern väterlicherseits, Moses Hirsch und Chaija, geborene Serebrennyi, waren von Brody nach Odessa gekommen. Dort erfolgte die Namensänderung von Hirsch in Schiller und lernte Moses den Textilhandel. Um 1860 ließ sich Moses in Leipzig nieder, wo er das „Commissions-, Export- & Speditions-Geschäft M. Schiller" führte. Die evangelische Mutter Margarethe Schiller, geborene Eberstein, war die Tochter eines Schulrats aus Bromberg. Melitta wuchs zusammen mit ihren vier Geschwistern Marie-Luise (1899–1987), Otto (1901–1970), Jutta (1907–1982) und Klara (1908–1996) auf.

Melitta Schiller besuchte ab 1909 die städtische Höhere Mädchenschule in Krotoschin. Im Ersten Weltkrieg (1914–1918) diente ihr 53-jähriger Vater als Land-sturmhauptmann beim Landsturm im Bereich

Krotoschin und Umgebung. Die Mutter und die älteste
Tochter leisteten Sanitätsdienst. Melitta und die jüngeren
Geschwister wurden zur Großmutter nach Schlesien
gebracht. Während des Ersten Weltkrieges imponierte
Melitta ihr Onkel Ernst Eberstein, der Flieger war, be-
sonders. Ab Ostern 1917 ging sie auf das Mädchen-
gymnasium der königlichen Luisenstiftung in Posen.
Nach dem verlorenen Krieg fiel die Provinz Posen an
Polen.

1919 wechselte Melitta Schiller auf das Mädchen-
gymnasium in Hirschberg (Schlesien), wo sie 1922 ihr
Abitur ablegte. Bereits während der Schulzeit inte-
ressierte sie sich für die Fliegerei und nutzte in Hirschberg die Gelegenheit zum Segelflug. Nach dem Abitur
studierte „Litta" von 1922 bis 1927 Mathematik, Physik
und Flugmechanik an der „Technischen Hochschule
München".

1923 fragte Melitta bei der kurz zuvor gegründeten
„Akademischen Fliegergruppe" an, ob sie eintreten und
Pilotin werden dürfe. Geheimrat Hans Georg Grimm
(1887–1958), der Leiter dieser Fliegergruppe, wollte Melitta von ihrem Wunsch abbringen und erklärte ihr, dass
sie als Pilotin im Falle eines Krieges einrücken müsse.
Melitta ließ sich davon nicht abschrecken und war dazu
bereit, ihre Zusage, ins Feld zu gehen, schriftlich zu
bestätigen. Doch der Geheimrat blieb beim Nein.

Der Vater von Melitta ließ sich 1925 vorzeitig
pensionieren und zog von Krotoschin nach Oliva

(Danzig) um. Weil er nur die Ausbildung der jüngeren Kinder finanzieren konnte, musste Melitta das Geld für ihr Studium durch Privatunterricht und Kurse für Kommilitonen verdienen. 1927 bekam sie ihr Diplom mit Auszeichnung, arbeitete kurz bei der „Schiffsbau-Versuchsanstalt Hamburg" und erhielt anschließend eine Stelle als Diplom-Ingenieur bei der „Deutschen Versuchsanstalt für Luftfahrt" („DVL") in Berlin-Adlershof.

Neun Jahre lang befasste sich Melitta Schiller bei der „DVL" vor allem mit der Flugmechanik und mit den Verstellluftschrauben, wobei sie theoretische und experimentelle Untersuchungen vornahm. Neben ihrer wissenschaftlichen Arbeit ließ sie sich ab 1929 systematisch zur Flugzeugführerin ausbilden und konnte zuletzt selbst die für ihre wissenschaftlichen Arbeiten nötigen Erprobungsflüge durchführen.

Bei der Hochzeit ihres Ingenieurskollegen Paul Freiherr von Handel (1901–1981) mit Elisabeth Gräfin von Üxküll (1911–1980) lernte Melitta Schiller den Althistoriker Professor Dr. Alexander Schenk Graf von Stauffenberg (1905–1964) kennen. Alexander war ein Cousin der Braut.

Am 11. August 1937 haben Melitta Schiller und Alexander Schenk Graf von Stauffenberg in Berlin-Wilmersdorf geheiratet. Den Wunsch nach Kindern stellte das Paar zunächst zurück. Die Beiden waren charakterlich sehr unterschiedlich. Melitta strotzte voller

Foto auf Seite 11:

Deutsche Versuchsanstalt für Luftfahrt in Berlin-Adlershof:
Blick in den Prüfstand im Innern des Windkanals
auf die Düse mit einem Flügelmodell in der Messstrecke.
Oberhalb befindet sich eine elektrisch gesteuerte
6-Komponentenwaage mit den Messgeräten
Das Foto entstand im Oktober 1935.

Foto auf Seite 13:

Deutsche Versuchsanstalt für Luftfahrt in Berlin-Adlershof:
Das Gebläse im großen Windkanal.
2700 PS erzeugen den Luftstrom.
Ein riesiger Propeller
mit einem Durchmesser von achteinhalb Metern
wird durch den Elektromotor angetrieben.
Das Foto entstand Oktober 1935

Generalmajor a. D.
Berthold Maria Schenk Graf von Stauffenberg

Energie und Tatkraft und gab in ihrer Beziehung den Ton an. Der musisch und dichterisch veranlagte Alexander war ein Dichter und Denker, aber eher kein Mann der Tat.

Bei ihren Neffen und Nichten war „Tante Litta" sehr beliebt. Ihr Neffe Berthold Maria Schenk Graf von Stauffenberg erklärte mehr als ein halbes Jahrhundert nach ihrem Tod: „Wir Kinder haben sie geliebt". Er bewundere Melitta noch heute. Sie habe einfach alles gekonnt: zeichnen, modellieren, jagen, Auto fahren.

Auf eigenen Wunsch und mit Zeugnis schied Melitta Schiller 1936 aus der „DVL", die faktisch dem Luftfahrtministerium unterstand, aus. Danach wechselte sie zu den „Askania-Werken" in Berlin-Friedenau, wo sie zunächst für die zweimotorigen Dornier-Flugboote „DO 18" und später für die viermotorigen „Blohm & Voß BV 139" der „Deutschen Lufthansa" eine gut funktionierende automatische Kurssteuerung entwickelte. Außerdem hatte sie Anteil an der Entwicklung der so genannten „Askania-3-Achsensteuerung", die anstrengende Langstreckenflüge merklich erleichterte.

Als einzige Frau in Deutschland besaß Melitta 1937 alle Flugzeugführerscheine für sämtliche Klassen von Motorflugzeugen und den Kunstflugschein. Außerdem hatte sie alle Scheine für den Segelflug und Segelkunstflug erworben und erfolgreich an zwei Blindfluglehrgängen der „Deutschen Lufthansa"

Hanna Reitsch (1912–1979), links

teilgenommen. Sie war die am vielseitigsten ausgebildete Flugzeugführerin Deutschlands.

Zwölfmal beteiligte sich Melitta fehlerfrei am Deutschlandflug. 1934 flog sie dabei außer Konkurrenz, weil man damals Frauen vorübergehend nicht zuließ. Dreimal war sie beim Küstenflugwettbewerb dabei. Dabei erreichte sie zweimal den ersten und einmal den sechsten Platz. 1936 konnte man sie beim „Olympia-Großflugtag" beim Kunstflug bewundern.

Am 28. Oktober 1937 hat man Melitta Schenk Gräfin von Stauffenberg als zweite Frau in Deutschland ehrenhalber zum Flugkapitän ernannt. Einige Monate vor ihr war Hanna Reitsch (1912–1979) am 17. Mai 1937 als erste Frau der Welt weiblicher Flugkapitän geworden.

Zu Beginn des Zweiten Weltkrieges (1939–1945) wollte Melitta ihr Können in den Dienst des „Deutschen Roten Kreuzes" („DRK") stellen. Beim „DRK" war ihre Tante Alexandrine Gräfin von Ükküll-Gyllenband (1873–1963) eine verdienstvolle Oberin. Alexandrine gehörte zu den wenigen deutschen Schwestern, die unter dem Schutz des „Internationalen Komitees vom Roten Kreuz" „IKRK") die deutschen Kriegsgefangenen des Ersten Weltkriegs in Russland besuchen durften.

Im Oktober 1939 wurde Melitta Schenk Gräfin von Stauffenberg von den „Askania-Werken" in Berlin-Friedenau zur Erprobungsstelle der Luftwaffe in Rechlin am Müritzsee (Mecklenburg) dienstverpflichtet. Ihre Aufgabe in der Erprobungsabteilung „E7" war die

Sturzkampfbomber („Stuka") „Junkers Ju 87D"
im Flug

Melitta Schenk
Gräfin von Stauffenberg (1903–1979), rechts,

Zielgeräteerprobung vor allem der Sturzflugvisiere für den Sturzkampfbomber („Stuka") „Junkers Ju 87" und später auch für die „Ju 88".

Um die Verbesserungen der Zielgeräte zu kontrollieren, nahm Melitta mehr als 2.500 Sturzflüge von etwa 4.000 auf 1.000 Meter Flughöhe vor. An manchen Tagen absolvierte sie mehr als 15 dieser physisch sehr belastenden Sturzflüge und wertete sie aus. Eine solche Leistung ist von niemand auch nur annähernd erreicht worden.

Bei den nervenaufreibenden Sturzflügen wurde Melitta – so wie Piloten von „Stukas" im Einatz – oft ohnmächtig. Sie beruhigte aber ihre Verwandten, dies dauere nicht lange. Ihr um ihre Gesundheit besorgter Vater schrieb einmal an den Oberbefehlshaber der Luftwaffe, Reichsmarschall Hermann Göring (1893–1946), einen Brief und bat ihn, seine Tochter von den Sturzflügen zu befreien. Er befürchtete, seine Tochter könne die Fähigkeit verlieren, Kinder zur Welt zu bringen. Doch einen Tag später erfuhr die Mutter von diesem Brief und schrieb Göring, er solle den Brief ihres Ehemannes als ungeschrieben betrachten. Ihre Tochter wäre unglücklich, wenn sie von dem Brief ihres Vaters erfahre, der nicht in ihrem Sinne sei.

Weil ihre Arbeit als „kriegswichtig" eingestuft wurde, gab man 1941 dem Antrag von Melitta auf „Gleichstellung mit arischen Personen" statt. Dies ersparte ihr und ihrer Familie die Deportation ins Konzentrationslager („KZ") und vermutlich auch die Ermordung.

Ab Frühjahr 1942 arbeitete Melitta bei der „Technischen
Akademie der Luftwaffe" in Berlin-Gatow im nervenaufreibenden Erprobungsdienst. Bei dieser Arbeit setzte
sie wiederholt ihr Leben aufs Spiel, weil immer öfter
alliierte Flugzeuge in die Erprobungslufträume eindran-
gen und sie abgeschossen werden konnte.
Für ihre große Tapferkeit wurde Melitta am 22. Januar
1943 mit dem „Eisernen Kreuz II. Klasse" ausge-
zeichnet. Wenig später erhielt sie das „Goldene
Flugzeugführerabzeichen mit Brillanten und Rubinen".
In ihrer knappen Freizeit verfasste sie zwei wissen-
schaftliche Arbeiten für ihre Promotion und Habili-
tation. Ihre bei der „Technischen Hochschule Berlin"
eingereichte Promotionsarbeit wurde 1943 von ihrem
Doktorvater Professor Dr. Walter Kucharski (1889–
1958) günstig beurteilt.
Am 1. Mai 1944 wurde Melitta in den Vorstand der
neugegründeten „Versuchsstelle für Flugsondergeräte"
in Berlin-Gatow berufen und mit der technisch-
wissenschaftlichen Leitung betraut. Damit die
„Deutsche Luftwaffe" auch nachts einmotorige Tagjäger
gegen alliierte Luftwaffen einsetzen konnte, vollendete
sie das von ihr entwickelte Nachtlandeverfahren für die
einmotorige Nachtjagd in höchster Perfektion. Im
Januar 1944 schlug man Melitta für die Verleihung des
„Eisernen Kreuzes I. Klasse" vor.
In die Pläne ihres Schwagers Claus Schenk Graf von
Stauffenberg (1907–1944) für ein Attentat auf den

Foto auf Seite 23:

Von links nach rechts:
Claus Schenk Graf von Stauffenberg,
Konteradmiral Karl-Jesko von Puttkamer,
Flieger-General Karl-Heinz Bodenschatz,
Reichskanzler Adolf Hitler
und Generalfeldmarschall Wilhelm Keitel
im Führerhauptquartier „Wolfsschanze" am 15. Juli 1944.
Es ist das einzige Foto,
das Stauffenberg und Hitler zusammen zeigt!

Inneres der zerstörten Baracke
im Führerhauptquartier „Wolfsschanze" bei Rastenburg
in Ostpreußen nach dem missglückten Attentat
auf den Diktator Adolf Hitler am 20. Juli 1944.
Dieses Foto wird meistens seitenverkehrt abgebildet!

Berthold Schenk Graf von Stauffenberg (1905–1944),
der Schwager von Melitta Schenk Gräfin von Stauffenberg,
beim Prozess gegen die Hitler-Attentäter
vor dem „Volksgerichtshof" am 10. August 1944

Melitta Schenk Gräfin von Stauffenberg

nationalsozialistischen Diktator Adolf Hitler (1889–1945) war Melitta neueren Erkenntnissen zufolge eingeweiht. Nach dem misslungenen Attentat vom 20. Juli 1944 und dem gescheiterten Putschversuch brachen schwere Zeiten für die Familie Stauffenberg an. Die Brüder Claus und Berthold Schenk Graf von Stauffenberg (1905–1944) sowie deren Onkel Nikolaus Graf von Üxküll-Gyllenband (1877–1944) wurden hingerichtet. Außer den Frauen und Kindern der Widerstandskämpfer kamen viele Mitglieder der weitverzweigten Sippe der Schenken von Stauffenberg in „Sippenhaft". Darunter waren auch Alexander Schenk von Stauffenberg und dessen Gattin Melitta. „Sippenhaft" bedeutete in diesen Fällen meistens eine Einweisung in ein „Konzentrationslager".
Melitta verbrachte ihre „Sippenhaft' in Berliner Gefängnissen. Wie sie sich dabei fühlte, vertraute sie ihrem Tagebuch an. Nach einigen Tagen richtete sie an Reichsmarschall Göring ein Gesuch, in dem sie darum bat, man solle sie an der Entwicklungs kriegswichtiger Erfindungen weiterarbeiten lassen. Weil man ihr glaubte, sie habe von dem Attentat ihres Schwagers Claus auf Hitler nichts gewusst und wegen ihrer „kriegswichtigen Aufgaben" entließ man sie nach sechs Wochen am 2. September 1944 aus der Haft. Bereits einen Tag später nahm sie ihre Entwicklungstätigkeiten wieder auf und startete zu Erprobungsflügen, um ein neues Nachtlandeverfahren für Nachtjäger zu entwickeln. In der

Alexander Schenk Graf von Stauffenberg (1905–1964)

Folgezeit durfte sie nur noch als „Gräfin Schenk" ohne den Zusatz „von Stauffenberg" arbeiten.

Den Ehemann Alexander sowie die Schwägerinnen Nina und Maria (Mika) von Melitta hielt man bis Kriegsende in verschiedenen „Konzentrationslagern", darunter Buchenwald, und Gefängnissen fest. Melitta nutzte ihre Position, um ihren inhaftierten Verwandten zu helfen, so gut wie konnte. Dank ihrer Beharrlichkeit fand sie immer wieder die Unterbringungsorte der verschleppten Gefangenen heraus, versorgte sie mit Lebensmitteln, wärmenden Sachen und Nachrichten. Zudem erkämpfte sie Genehmigungen für Besuchsflüge. Ihren Ehemann Alexander durfte sie einmal im Monat sehen.

Zu Weihnachten 1944 besuchte Melitta die Kinder ihrer Schwägerinnen Nina und Maria in einem Kinderheim in Bad Sachsa. Sie brachte ihnen Buntstifte als Geschenke mit. Es war der erste und einzige Kontakt, den die Kinder seit ihrer Trennung von ihrer Familie hatten.

Melitta Schenk Gräfin von Stauffenberg litt unter einem ungeheuren Gewissenskonflikt. Einerseits war sie wegen ihres jüdischen Vaters Michael Schiller und wegen der Verwandtschaft mit ihrem Schwager Claus Schenk Graf von Stauffenberg, der das missglückte Attentat auf Hitler verübt hatte, keine Anhängerin der Nationalsozialisten. Andererseits tat sie alles, um die kämpfenden Verbände zu unterstützen.

Zur vorgeschlagenen Verleihung des „Eisernen Kreuzes
I. Klasse" an Melitta kam es nicht mehr. Ihre Dienststelle
wurde vom gefährdeten Berlin-Gatow nach Süd-
deutschland verlegt. Am 8. April 1945 flog Melitta mit
einer unbewaffneten „Bücker Bü 181" in Richtung
Bayerischer Wald, um dort ihren Mann zu besuchen,
der auf dem Weg vom „KZ" Buchenwald zum „KZ"
Dachau in einer Schule in Schönberg (Landkreis
Freyung-Grafenau) untergebracht worden war. Dabei
wurde sie von einem amerikanischen Jagdflugzeug etwa
zwei Kilometer östlich von Straßkirchen (Landkreis
Straubing-Bogen) in Niederbayern von hinten abgeschossen. Es gab aber auch ein Gerücht, sie sei von der
deutschen Luftabwehr abgeschossen worden. Melitta
konnte zwar mit ihrer Maschine noch notlanden, erlag
aber zwei Stunden später im Alter von 42 Jahren ihren
folgenschweren Verletzungen.
Melitta Schenk Gräfin von Stauffenberg wurde am 13.
April 1945 mit militärischen Ehren zunächst auf dem
städtischen Friedhof in Straubing bestattet. Auf
Wunsch ihres Ehemannes Alexander, der als einziger
der drei Stauffenberg-Brüder die Nazi-Zeit überlebte,
überführte man sie nach Lautlingen und bettete sie dort
am 8. September 1945 in der Familiengruft der Schenken
von Stauffenberg zur letzten Ruhe. Die Eltern von
Melitta, die zuletzt in Danzig gelebt hatten, gelten seit
1945 als verschollen. Der Witwer Alexander Schenk
Graf von Stauffenberg (1905–1964) heiratete 1949

wieder. Seine zweite Ehefrau hieß Marlene Hoffmann
(1913–2001) und brachte zwei Töchter namens Gudula
und Amalberga mit in die Ehe. Alexander erlag am 27.
Januar 1964 im Alter von 58 Jahren in München einer
Lungenentzündung.

In Berlin erinnert die Melitta-Schiller-Straße an die
deutsche Fliegerheldin. Über ihr Leben und Wirken
informiert der 90-minütige Fernsehfilm „Fliegen und
Stürzen – Porträt der Melitta Schiller-Stauffenberg"
(1974), in dem sie von Cordula Trantow dargestellt
wurde.

Über Melitta Schenk Gräfin von Stauffenberg sind
mehrere Biografien erschienen: „Melitta Gräfin
Stauffenberg – Das Leben einer Fliegerin" (1990)
von Gerhard Bracke, „Melitta von Stauffenberg –
ein deutsches Leben" (2012) von Thomas Medicus
sowie „Sturzflüge für Deutschland. Kurzbiografie
der Testpilotin Melitta Schenk Gräfin von Stauffenberg" von Ernst Probst und Heiko Peter Melle
(2012).

Autor Heiko Peter Melle

Literatur

BRACKE, Gerhard: Melitta Gräfin Stauffenberg –
Das Leben einer Fliegerin, München 1990

CHRIST, Karl: Der andere Stauffenberg. Der
Historiker und Dichter Alexander von Stauffenberg,
München 2008

DER SPIEGEL: Litta konnte alles. Berthold Schenk
Graf von Stauffenberg, 77, ältester Sohn des Hitler-
Attentäters, über seine Tante Melitta, Heft 10, 5. März
2012, Hamburg

HOFFMANN, Peter: Claus Schenk Graf von
Stauffenberg und seine Brüder, Stuttgart 1992

MEDICUS, Thomas: Melitta von Stauffenberg –
Ein deutsches Leben, Berlin 2012

MELLE, Heiko Peter: Stauffenberg
http://www.hpmelle.de/stauffenberg

PROBST, Ernst: Königinnen der Lüfte in Deutschland, München 2010

PROBST, Ernst: Königinnen der Lüfte in Europa,
München 2010

PROBST, Ernst: Königinnen der Lüfte von A bis Z,
München 2010

WIKIPEDIA (Online-Lexikon) http://wikipedia.org

Bildquellen

Autor Ernst Probst

Der Autor

Ernst Probst, geboren am 20. Januar 1946 in Neunburg vorm Wald im bayerischen Regierungsbezirk Oberpfalz, ist Journalist und Wissenschaftsautor. Er arbeitete von 1968 bis 1971 als Redakteur bei den „Nürnberger Nachrichten", von 1971 bis 1973 in der Zentralredaktion des „Ring Nordbayerischer Tageszeitungen" in Bayreuth und von 1973 bis 2001 bei der „Allgemeinen Zeitung", Mainz. In seiner Freizeit schrieb er Artikel für die „Frankfurter Allgemeine Zeitung", „Süddeutsche Zeitung", „Die Welt", „Frankfurter Rundschau", „Neue Zürcher Zeitung", „Tages-Anzeiger", Zürich, „Salzburger Nachrichten", „Die Zeit", „Rheinischer Merkur", „Deutsches Allgemeines Sonntagsblatt", „bild der wissenschaft", „kosmos", „Deutsche Presse-Agentur" (dpa), „Associated Press" (AP) und den „Deutschen Forschungs-dienst" (df). Aus seiner Feder stammen die Bücher „Deutsch-land in der Urzeit" (1986), „Deutschland in der Steinzeit" (1991), „Rekorde der Urzeit" (1992), „Dinosaurier in Deutsch-land" (1993 zusammen mit Raymund Windolf) und „Deutsch-land in der Bronzezeit" (1996). Ab 2000 veröffentlichte er eine 14-bändige Taschenbuchreihe über berühmte Frauen. Von 2001 bis 2006 betätigte sich Ernst Probst als Buchver-leger. Insgesamt schrieb er mehr als 200 Bücher, Taschenbücher, Broschüren und E-Books.

E-Books
über Königinnen der Lüfte

Aida de Acosta. Erster Alleinflug
mit einem lenkbaren Luftschiff
Elsa Andersson. Die erste Pilotin aus Schweden
Jacqueline Auriol. Sie durchbrach
als erste Europäerin die Schallmauer
Liesel Bach. Deutschlands erfolgreichste
Kunstfliegerin
Pancho Barnes. Amerikas erste Stuntpilotin
Maryse Bastié. Die Fliegerin,
die acht Weltrekorde brach
Jean Batten. Neuseelands berühmteste Pilotin
Melli Beese. Die erste Deutsche mit Pilotenlizenz
Elly Beinhorn. Deutschlands Meisterfliegerin
Vera von Bissing. Eine Kunstfliegerin
der 1930-er Jahre
Sophie Blanchard. Die erste professionelle
Luftschifferin
Adrienne Bolland. Die erste Frau,
die über die Anden flog
Hèléne Boucher. Die französische „Wunderfliegerin"
Kalpana Chawla. Die erste Inderin im Weltall
Jacqueline Cochran. Die „schnellste Frau der Welt"

Bessie Coleman. Die erste Afro-Amerikanerin
mit Pilotenschein
Eileen Collins. Die erste Raumfähren-Pilotin
Hèléne Dutrieu. Die erste Pilotin in Belgien
Amelia Earhart. Die erste Frau, die zwei Mal
über den Atlantik flog
Ruth Elder. Die erste Frau, die den Flug
über den Atlantik wagte
Marga von Etzdorf. Die tragische deutsche Fliegerin
Elise Garnerin. Die „Venus im Ballon"
Sabiha Gökcen. Die erste türkische Pilotin
Frances Wilson Grayson. Tragischer Flug
über den Atlantik
Hilda Hewlett. Die erste britische Fliegerin
Maryse Hilsz. Die Rekordfliegerin aus Frankreich
Luise Hoffmann. Die erste deutsche Einfliegerin
Kara Spears Hultgreen. Die erste „F-14 Tomcat"-
Kampfpilotin
Laura Ingalls. Die erste Amerikanerin,
die über Südamerika flog
Carol Mae Jemison. Die erste afro-amerikanische
Astronautin
Amy Johnson-Mollison. Englands erste
Flugzeugmechanikerin
Thea Knorr. Eine frühe Fliegerin in München
Raymonde de Laroche. Die erste Pilotin der Welt
Ruth Law. Erste Luftpost für die Philippinen

Anne Morrow Lindbergh. Die erste Amerikanerin
mit Segelflugschein.
Anne Löwenstein-Wertheim. Die fliegende Prinzessin
Shannon Lucid. Der längste Raumflug einer Frau
Rita Maiburg. Einer der ersten weiblichen
Linienflugkapitäne
Beryl Markham. Die erste Berufspilotin in Ostafrika
Marie Marvingt. Die „Mutter der Luftambulanz"
Christa McAuliffe. Die amerikanische Nationalheldin
Victoria van Meter. Die jüngste Fliegerin der Welt
Jerry Mock. Im Alleinflug um die Erde
Mathilde Moisant. Eine frühe Fliegerin in den USA
Käthe Paulus. Deutschlands erste Luftschifferin
Thérèse Peltier. Die erste Flugzeugpassagierin
der Welt
Harriet Quimby. Die erste Amerikanerin
mit Flugschein
Bessica Medlar Raiche. Eine der ersten Fliegerinnen
in den USA
Barbara Allen Rainey. Die erste Marinepilotin
der USA
Thea Rasche. The Flying Fräulein
Marina Raskowa. Eine fliegende „Heldin
der Sowjetunion"
Wilhelmine Reichard. Die erste Ballonfahrerin
in Deutschland
Hanna Reitsch. Die Pilotin der Weltklasse

Sally Kristen Ride. Die erste Amerikanerin
im Weltall
Swetlana Sawizkaja. Die erste Spaziergängerin
im Weltall
Blanche Stuart Scott. Die erste Amerikanerin,
die ein Flugzeug flog
Sturzflüge für Deutschland
Kurzbiografie der Testpilotin Melitta Schenk
Gräfin von Stauffenberg.
Katherine Stinson und Marjorie Stinson.
Die fliegenden Schwestern
Kathryn Dwyer Sullivan. Rekordspaziergängerin
im Weltall
Walentina Tereschkowa. Die erste Frau im Kosmos
Élisabeth Thible. Die erste Passagierin
einer Montgolfière
Kathryn Thornton. Berühmte Spaziergängerin
im Weltall
Sabine Trube. Die deutsche Düsenjet-
Kommandantin
Beate Uhse. Deutschlands erste Stuntpilotin
Nancy Bird Walton. Australiens erste
und jüngste Verkehrspilotin

Bestellungen von E-Books bei:
www.grin.com

Bücher von Ernst Probst

Christl-Marie Schultes. Die erste Fliegerin in Bayern
(zusammen mit Theo Lederer)

Sturzflüge für Deutschland.
Kurzbiogfafie der Testpilotin
Melitta Schenk Gräfin von Stauffenberg

Tony und Bruno Werntgen. Zwei Leben
für die Luftfahrt (zusammen mit Paul Wirtz)

Frauen im Weltall

Königinnen der Lüfte von A bis Z

Königinnen der Lüfte in Deutschland

Königinnen des Films 1

Königinnen des Films 2

Königinnen des Tanzes

Königinnen des Theaters

Lucrecia Borgia.
Die Tochter eines Papstes

Malende Superfrauen

Pompadour und Dubarry.
Die Mätressen von Ludwig XV.

Superfrauen aus dem Wilden Westen

Bestellungen von Taschenbüchern
bei www.grin.com